山川篇

中华根 民族魂

寻根溯源话陕西

赵明 主编　尤红娟 副主编

西北大学出版社

图书在版编目（CIP）数据

中华根·民族魂：寻根溯源话陕西．山川篇 / 赵明主编． --西安：西北大学出版社，2018.6
ISBN 978-7-5604-4116-0

Ⅰ．①中… Ⅱ．①赵… Ⅲ．①陕西—地方史 ②自然地理—陕西 Ⅳ．①K294.1 ②P942.41

中国版本图书馆 CIP 数据核字（2018）第 000046 号

中华根　民族魂
——寻根溯源话陕西（山川篇）

主　编　赵　明

副主编　尤红娟

参　编　刘明惠　李佩佩　熊碧云

出版发行　西北大学出版社

（西北大学内　邮编：710069　电话：029-88302621　88303593）

经　销　全国新华书店
印　刷　陕西隆昌印刷有限公司
开　本　787毫米×1092毫米　1/16
印　张　4

版　次　2018年6月第1版
印　次　2018年6月第1次印刷
字　数　76千字

书　号　ISBN 978-7-5604-4116-0
定　价　32.00元

如有印装质量问题，请与本社联系调换，电话029-88302966。

写在前面的话

　　陕西是一片辽阔而苍茫的土地。从沟壑纵横的陕北高原，到八百里秦川的关中平原，再到山清水秀的秦巴山区，南北纵深达 800 多千米，而东西最窄处只有 150 千米。这样一个南北高、中间低的狭长地理形态，形成了三个不同的自然区域及其地域文化，即陕北高原的耕牧文化、关中平原的麦黍文化、陕南山地的稻桑文化。

　　假如早春时节的某一天，你随家人开车沿着包茂高速（包头至茂名）游玩，从北向南把陕西走一遍，就会领略到截然不同的自然风光。从榆林出发的时候，你还脱不掉身上的棉衣，不得不冒着寒风前行。放眼望去，春寒料峭的黄土高原还让你感受不到春天萌动的气息。只有在经过黄陵的时候，那桥山上的古柏才展现出一派苍翠。此刻，崇山峻岭替换了黄土高原，高速公路在山间斗折蛇行。车过铜川，地势变得平缓起来，一道道黄土高坡慢慢地延展成平坦的黄土地，视野开阔得如同到了另一个世界。返青的麦苗给大地铺上一层绿毯。嫩芽初绽的柳枝摆动着轻柔的身姿。白色的玉兰花已经在枝头肆意绽放了。这就是初春的关中平原。绕过西安，抬头眺望，秦岭山顶依然积雪皑皑。高速公路像蛇一样钻进秦岭腹地。穿过亚洲最长的终南山隧道，到达秦岭南麓，你会突然感到气温升高了许多，空气清新了许多，满目青翠，春意盎然。再往南，来到汉江之滨。四周的山坡上，连片的黄灿灿的油菜花开得正欢，粉红的桃花也赶来争艳，一派江南景象，令人目不暇接。真是秦岭南北两重天啊！

这是一片富饶与贫瘠共存的土地。由河流冲积和黄土堆积形成的关中平原，地势平坦，气候温和，河流纵横，土质肥沃，盛产麦黍，物阜民富。苏秦、张良都称这里为"沃野千里"的"天府之国"。陕南的秦巴山地，北依秦岭，南靠巴山，中间是汉江谷地，构成"两山夹一川"的独特地势。这里的气候温暖湿润，水力资源丰富，素有"西北小江南"之称。横亘在关中与陕南之间的是秦岭山脉。它是我国地理和气候的天然分界线，也是黄河流域和长江流域的分水岭，这里的动植物资源及矿产蕴藏极其丰富，被称为"国家中央公园"。陕北高原近年来自然生态失衡，加之地面沟壑纵横，水土流失严重，又气候干旱、风沙频繁，导致这里的生产、生活条件极差。但是，在这贫瘠的土地之下，却蕴藏着无尽的宝藏。经过亿万年形成的煤炭、石油、天然气，使得陕北成为国家重要的能源基地。

目　录

中国的南北分界线

一条山脉横旦东西，如巨龙般将960万平方千米的中华大地划分为南北两界，它就是"华夏民族的龙脉"——秦岭。

千百万年前，华北陆块与扬子陆块在地质运动的推力作用下相向移动，大地的"推挤"产生了奇迹，它在剧烈的"创痛"中开始形成山脉。这条地质缝合带上的巨大伤疤，最终隆起为如今的秦岭山脉。这伟大的碰撞与拼合，从地理意义上构成了我国南方与北方的分界。从此，我们

壮美的秦岭山脉

西岳华山苍龙岭

秦岭黄河长江分水岭

的头脑中便有了南方与北方的概念。约两千年前，这座山因曾属秦国，所以被称为秦岭。

　　陕西境内的秦岭呈蜂腰状分布，在千百万年的侵蚀、沉积等外力作用下，形成了褶皱的肌肤。在它的南、北两侧，各分出数支山脉，形态各异。有的像一只猴子，有的像一位老者，有的像一座楼阁。秦岭诸峪谷的山道上不知留下了多少帝王将相、文人墨客的足迹，终南山的秀美幽僻不知吸引了多少淡泊名利的隐士驻足，西岳华山的险阻奇幻不知吸引了多少探险者前来攀登爬越。一道道山岭是秦岭高大的身躯，一座座山峰是秦岭隆起的脊梁，一条条沟壑是秦岭纵横的血管。号称"九州之险"的它，山体雄伟，势如屏障；东西横长 1600 多千米的它，气势磅礴，蔚为壮观；拥有"秦岭四宝"的它，蕴藏丰富，灵气十足。

秦岭不仅是中国南北方的地理分界线，而且是南北方地形、气候、资源等差异的缔造者和分隔者。正因为它庞大而绵长的身躯阻断了南北气流，夏季东南方的湿热海风无法进入西北地区，冬季西北地区的干冷寒潮也无力侵入东南方，这才有了岭南岭北截然不同的面貌。当我们在岭南温润的空气里欣赏小桥流水、渔舟唱晚时，越过秦岭，

即可在岭北干冷的寒风中感受冰天雪地、银装素裹。这一越，从山地丘陵到平地高原，从潮湿多雨到干燥多变，从斜角屋顶到平顶楼房，从粗犷豪迈到温婉细腻，呈现在人们眼前的是完全不同的景象。

这条山脉统揽南北方迥异风采于一身，即所谓"马头看桃花，马尾扫风雪"，让人禁不住感叹大自然造物之神奇。

云横秦岭

太白秋色

丰富的自然资源

　　秦岭山脉层层叠叠，裹藏着得天独厚的自然资源。

　　这里是各种珍稀野生动物的栖息地。在秦岭的高山密林里，藏匿着为数众多的动物群体，有熊猫、鬣羚、斑羚、野猪、黑熊、林麝、小鹿、刺猬、竹鼠、鼯鼠、松鼠等数不清的哺乳动物，以及堪称世界上最为丰富的雉鸡类族群。优越、独特的气候和地理环境，更使这里成为国家一级保护动物金丝猴、羚牛、大熊猫、朱鹮的栖息地，它们也因此被称为"秦岭四宝"。

金丝猴

大熊猫

羚牛

朱鹮

太白杉树

秦岭冷杉　　　　　杜仲　　　　　　　金钱槭

连香树　　　　　　红豆杉　　　　　　太白红杉

翘果油树　　　　　独叶草　　　　　　山白树

　　这里是南北植物集聚的宝库，素有"南北植物荟萃、南北生物物种库"之美誉。秦岭北坡，广泛生长着核桃、板栗、柿子等经济树种；秦岭南坡，枇杷、竹子、蜜橘、脐橙等均长势良好，尤其是这里出产的午子仙毫等绿茶闻名全国。秦岭也是"天然药库"，特别是太白山药材丰富。

俗话说："太白无闲草。"又说："走一遍太白山，如读半部《本草纲目》。"意思是说太白山上的植物种类繁多，且每种皆有用途，因此自古就受到采药人的青睐。相传药王孙思邈就曾隐居太白山采药。秦岭山上的国家二级以上重点保护野生植物较多，如独叶草、水青树、连香树、山白树、翅果油树、红豆杉等。2017年10月，秦岭国家植物园建成并对外开放，它是目前世界上面积最大、植被分带最清晰、最具自然风貌的植物园。

这里是全国矿产资源的储存室。在秦岭连绵起伏的山脉下，不仅蕴藏着丰富的金矿、钼矿等金属矿，而且有大量的非金属矿和建筑石料，其天然的资源优势为冶金、建

秦岭高山杜鹃花

秦岭金堆城矿区

材工业的发展提供了便利条件。截至 2016 年年底，陕西省查明储量的矿产 92 种，查明储量的矿产地（矿区）1101处。矿产资源潜在价值达 46.23 万亿元，居全国第一位。自古以来，秦岭地区的矿产开采一直未中断。时至今日，在全球化的过程中，生态危机频频出现，默默无声的秦岭承受着巨大的生态压力。而今，陕西省践行生态文明、保护环境，提倡绿色发展，致力于将秦岭打造为中国的"绿色心脏"。这在保护自然生态的同时，也为今后的发展留下了空间。

这里也是我国水资源的聚宝盆。在秦岭的每座高山下，都有溪流发源，这里有取之不竭的水源。据统计，秦岭的地表水资源达 200 亿立方米，约占整个陕西省地表水资源总量的 50%。秦岭地势北陡南缓，导致北坡溪流短急，南坡诸水源远流长。众多的溪流将东西走向的山岭横

汉江

渭河

汉江晚照

切，许多峪谷就此形成，峪谷中间就成为溪流流淌、汇聚的通道。以秦岭分水岭为界，其以北为黄河水系，以南为长江水系。秦岭为中国最重要的两条大河提供了源源不断的水流。渭河和汉江是"两河"最大的一级支流——渭水入黄河，汉水汇长江。历史上的渭河是重要的航道，宽广的水面，有过百舸争流的热闹景象。"八水绕长安"中的六水——沣河、涝河、潏河、滈河、浐河、灞河均源自秦岭，这些河流灌溉着古老的秦川大地，给当地的农业生产带来了丰沛的水资源。

　　秦岭处处都有宝，它总是以其无穷的魅力吸引着我们的目光。如何利用好、保护好她，应是我们当下该思考的问题。

八水绕长安

　　绕行长安四周的渭、泾、沣、涝、潏、滈、浐、灞八条河流，均属黄河水系。这八条河流中，黄河的最大支流渭河的流程最长、流量最大，它自西向东，横贯秦咸阳，绕汉唐长安及明西安之北，于潼关注入黄河。另外七条河流均直接或间接注入渭河，但却因地势而不再"水向东流"。渭河的最大支流是泾河，发源于宁夏泾源县，沿西北—东南走向，流经甘肃、陕西，于西安市高陵区汇入渭河。泾河是"八水"中唯一一条位于渭河以北的河流。沣河发源于秦岭北麓的沣峪，由南至北绕长安之西，北经咸阳，在沣东新城沙岭村汇入渭河，大体上是南北走向。涝河，古称潦水，源于秦岭，绕长安之西，北经咸阳流入渭河。潏河发源于秦岭北坡的大峪，绕长安之南。滈河发源于秦岭北麓石砭峪，绕长安之南，与潏河在香积寺汇合后向西，在秦渡镇附近注入沣河。浐河发源于秦岭北麓的蓝田县汤峪，绕长安之东，在广太庙附近注入灞河。灞河发源于秦岭北麓的蓝田县灞源乡，自南向北，绕长安之东，汇入渭河。

八水绕长安示意图

黑河水库

壮美的人文景观

　　秦岭，绝不是一处简单的山水风景，它还是人文之脉。在它沧桑的褶皱中，弥漫着历史的烟云；在它厚重的山脚下，沉淀着帝都的神话；在它巍峨的身躯里，流淌着礼仪之邦的文明。它以一个父亲的形象，一次又一次刷新历史与文化的高度。

　　"试登秦岭望秦川"。秦岭以它的壮阔和美丽吸引了大批文人墨客驻足流连，由他们创作的难以计数的诗词歌赋则将秦岭的景与诗人的情融会贯通。在李白的笔下，秦岭"西当太白有鸟道，可以横绝峨眉巅"（《蜀道难》），写出了秦岭险象环生的路途；在白居易的诗中，"骊宫高处入青云，仙乐风飘处处闻""在天愿作比翼鸟，在地愿为连理枝"（《长恨歌》），秦岭脚下演绎的凄美爱情，引发了不朽的艺术情怀和千古畅想；在王维的眼中，"檀栾映空曲，青翠漾涟漪"（《辋川集·斤竹岭》），秦岭空明而浓郁的绿

西当太白有鸟道

骊山脚下华清池

今日辋川

色，仿佛到了可以溢出水分的地步。在陡峭的峰岭与澎湃的河流之间，在苍松古木、野草丛林之中，历代才子或豪放、洒脱，书写秦岭的雄浑、奔放，或淡雅、内敛，分享自己对秦岭山水的感悟。这里历史悠久，人文积淀丰富，可以咏史；这里山清水秀，风光旖旎，可以隐逸；这里民风淳朴，世风好古，可以慰藉仕途疲惫。诗人们不惜笔墨，秦岭的山和秦岭的水已与他们的整个身心融为一体。

在时代的浪潮中秦岭又是一名伟大的见证者。从秦岭流泻而出的山水浇灌了中国十三个王朝。从周天子逐鹿中原开始，它见证了十三朝帝都的兴衰更替，时至今日，它仍然以磅礴的气势映照出民族的荣光。气势恢宏的帝王陵墓、保存完整的宫殿遗址、香火旺盛的名刹古寺……秦岭山上数不尽的文化遗产成了天然的历史博物馆。

　　秦岭在文明的道路上好似一位纯朴的文化老人。有学

秦始皇帝陵

者曾说过，秦岭作为中国地理南北分界线，不仅是中国地理意义上的龙脉，而且是名副其实的文化意义上的龙脉所在。秦岭地区是中国传统文化孕育衍生之地，历来有"立儒、生道、融佛"之说。在莽莽秦岭之中，道法自然的思想精华孕育成熟，老子骑着青牛缓缓而来，在石楼山上向世人讲授了《道德经》。这位老人以其深邃的哲思警醒世人，不要以万物主宰自居，应当遵循宇宙规律，与自然和谐相处。这座海拔只有580米的石楼山成为令后人高山仰止的哲学之巅，"楼观台"随之取代了石楼山的名字而名扬天下。巍峨秦岭之中，佛教文明播撒下机缘的种子，座座佛寺在这里悄然生根，其出世思想感化着世人，生生不息，香火不断。古语有"终南捷径"，说的是唐朝一位进士想入朝做官，便隐居在京城长安附近的终南山上，谁料从此名声远播，最终得偿所愿。自此以后，很多人都效仿他隐居在终南山上。

兀立的山峰造就了秦岭高俊伟岸的气质，绵延的山岭延展了秦岭雄浑厚重的内涵。秦岭，不只是一座山，更是中华民族精神文化的承载，是大自然馈赠给我们的宝贵财富。

道教圣地楼观台

佛教圣地南五台

终南山净业寺

华山棋亭

秦岭南麓褒斜栈道

江河纵横

黄河源头

黄河咆哮

　　黄河，中华民族的母亲河！

　　黄河，一部蜿蜒流动的民族史！

　　它，源自昆仑，奔向渤海，浩浩荡荡，川流不息。它，声动九州，气壮八极，孕育文明，创造英才。多少赞歌都唱不尽它的雄伟壮丽，多少佳作也道不尽它的九曲回肠。

　　黄河是中国境内仅次于长江的第二长河，是世界第五长河。在青海省的巴颜喀拉山麓，黄河源头的涓涓细流汇聚成河，穿高山，越峡谷，跨过平原，以勇往直前的豪迈气势一路向东。沿途不断有支流加入，河面日渐宽广。当它流经黄土高原时，挟带走这里大量的泥沙，成了真正意义上的滚滚黄河水，它因此成为世界上含沙量最高的河流。

包头　呼和浩特

银川　太原

青铜峡　榆林

西宁　兰州　延安　东营

临夏　韩城　济南　泰山

黄河源头　郑州

芮城　三门峡　开封

洛阳　嵩山

黄河流域示意图

　　黄河流经青海、四川、甘肃、宁夏、内蒙古、陕西、山西、河南、山东九个省区，在内蒙古河套地区形成了一个大大的"几"字形河道，一路向南把黄土高原切开了一道裂口，凿出了一条幽深狭长的晋陕峡谷，成为秦地与晋域的天然分界。黄河在晋、陕、豫三省交界处折向东流，最终在山东省东营市注入渤海，成功地完成了全长5464千米的长途旅行。

黄河壶口瀑布

黄河给其流经之处带来了优越的发展条件。黄河水或泛滥或改道形成的冲积平原，土壤肥沃，有利于农作物生长。从远古时期开始，就有先民在这里生活、繁衍。华夏文明的初始阶段，以及后来出现的几个统一、强大的王朝，其核心统治区域都在黄河流域。因此，从古至今，中华民族辉煌灿烂的文学艺术、发明创造及一代代优秀人物大都出现在这里。也是在这里，各民族在经历了历史的大裂变与大融合之后，最终汇聚成我们团结、统一的中华民族。我们赞美黄河是中华民族的母亲河，它的确哺育了中华儿女、孕育了中华文明。

　　黄河水奔腾前行，在陕西境内形成了种种奇观。位于陕西宜川县和山西吉县之间的壶口瀑布，素有"天下黄河一壶收"的美誉。它是世界上唯一的一道金黄色瀑布。当你站在壶口瀑布旁边的崖岸上时，会看到奔流的黄河水裹挟着泥沙，从断层石崖上层层跌下，最终跌落在约30米深的壶形谷底，形成一条落差50余米的大瀑布，蔚为壮观。黄浊而宽阔的水流猛烈地拍击两侧的岸崖，撞击出腾空巨浪，发出震耳欲聋的轰隆声，宣泄着它一路蓄积的力量。四处高高溅起的水珠腾起一片洁白的水雾，经久不散。这种"黄河之水天上来"的感受，激荡着每一位中华儿女的心灵；这种"奔流到海不复回"的恢宏气势，不正是中华民族自强不息精神的写照？我们陕西人就是依偎在黄河母亲身边的儿女。

　　位于陕西省韩城市北20多千米处的龙门，跨黄河东西两岸。此地河床狭窄，两岸悬崖高耸，相对如门，宛若扼住了黄河的咽喉。这里水流湍急，似乎只有神龙可以轻松越过，所以人们称此地为"龙门"。有诗云："龙门屹立

黄河壶口瀑布

黄河晋陕大峡谷

九曲黄河图

两山中，积水奔腾势不穷。骇浪三层迷上下，怒涛一瞬辨西东。"龙门以下水面宽展，水流平缓，与龙门内水流迅疾、浊浪排空的气势迥然不同。常有大批游鱼在龙门逆流而上。《三秦记》记载有大鱼集龙门下，数千，上则为龙，不上者为鱼的神话。后来，"鱼跃龙门"则成为吉祥用语，引申为飞黄腾达之意。龙门又称"禹门"，据《尚书·禹贡》记载，是大禹"导河、积石，至于龙门"之地。传说从壶口到龙门之间的黄河河道，都是大禹凿通的。

刘禹锡《浪淘沙·九曲黄河万里沙》诗云："九曲黄河万里沙，浪淘风簸自天涯。"李白在《西岳云台歌送丹丘子》中说道："巨灵咆哮擘两山，洪波喷箭射东海。"万里黄河、波涛汹涌，承载历史，孕育文明，它将永远是中华儿女心中最壮美的歌！

泾渭沧桑

渭河，古称"渭水"，是发源于甘肃省定西市渭源县鸟鼠山的一条重要河流。又有一种民间说法，传说大禹当年在鸟鼠山凿开巨石，使泉水喷泻而出，形成了渭河的源头，所以人们也把渭河亲切地称作"禹河"。

渭河全长 800 多千米，自东向西横贯八百里秦川，在陕西潼关汇入黄河，成为黄河最大的支流，也是流经关中地区的最大河流。《山海经·海外北经》中记载："夸父与日逐走，入日，渴，欲得饮。饮于河、渭，河、渭不足，北饮大泽。"在这段引文中，"河"指的是黄河，"渭"指的是渭河，可见在古人的心目中，渭河与黄河是同等重要的。

作为渭河最大支流的泾河，全长 455 千米，发源于宁夏南部六盘山麓，流经甘肃、陕西两省，在西安市北面的高陵汇入渭河。泾河清澈，渭河水浊，两水交汇时，清浊竟然互不相容。"泾渭分明"这个成语即由此而来。后来人们用它比喻界限清楚或是非分明，《诗经》中就有"泾以渭浊，湜湜其沚"的句子。

早在 100 万年前，就有古人类在渭河流域生活了。相传，炎帝和黄帝是生活在渭河流域的两个血缘关系相近的部落首领，他们以及他们的臣子、后代创造了上古几乎所有的重要发明。后来中原各族统一，两部落带领着其他部落渐渐融合成为华夏族，炎帝和黄帝便成为中华民族的始祖，因此可以说，渭河流域是中华文明的重要发祥地之一。这些上古传说虽然很难肯

泾渭分明

渭河野鸭飞

渭河

定确有其事，然而渭河的重要价值却是毋庸置疑的。蓝田
猿人遗址、大荔人遗址、半坡遗址等新、旧石器时代早期
文化遗址，就都地处渭河流域。

　　千百年来，无数文人墨客写下赞美渭河的诗句，以此
见证了渭河悠久的历史和美丽的风景。唐代诗人张籍在
《登咸阳北寺楼》一诗中写道：“渭水西来直，秦山南去
深。”诗仙李白当年曾登上终南山紫阁峰，北观渭河，赞
美道：“渭水银河清，横天流不息。”（《君子有所思行》）
可见古时的渭河波光粼粼、流水潺潺，滋润着关中大地。

《关中八景》碑石之"咸阳古渡"

　　在历史上，渭河水量丰富、河道宽广，既能保证灌溉，也能满足航运。渭河与南北大运河相通，形成了一条水上运输通道。在唐代时，每年都要经渭河运输数十万石粮食到长安。当时的渭河上，粮船络绎不绝。关中八景之一的"咸阳古渡"，就是渭河上著名的景观。清代以后，渭河水量不断减少。民国年间，渭河的中游还可以行船。到了现代，人类的开发活动加剧了环境的破坏，造成渭河上游水土流失严重，使得渭河中下游水量更少，已经不能行船了，有的地方还有断流的危险，让人非常痛心。

　　20世纪以来，在治理渭河干支流河道的同时，一系列大型水利工程陆续问世。由我国近代著名水利学家李仪祉在20世纪30年代主持兴建的泾惠渠，经过整治扩建，引水能力大大提高，灌溉面积比原来扩大了2.7倍。1971

泾惠渠首枢纽现貌

年建成通水的宝鸡峡引渭灌溉工程，灌溉咸阳、宝鸡两市13个县（区）的土地，大大促进了关中中部渭北高原的农业发展。渭河支流黑河发源于秦岭深处，流经周至县境向北注入渭河。20世纪90年代修建的黑河水库，通过80千米的地下管道，每天向西安市输送40多万立方米的优质水，另外还有灌溉及发电之利，成为西安市的"生命水源"。21世纪以来规划的渭河全线整治工程及"引汉济渭"工程正在紧张实施之中。不久的将来，放眼渭河，蜿蜒的堤岸、如茵的绿化带、清澈的河水、秀美的河道，会如一条斑斓的丝带，把关中装扮得更加美丽。

黑河水库

竹筏江中游

汉水如歌

　　大自然总是充满无穷的韵味。一条大江，似西王母的玉簪，轻轻一划，就使秦岭与巴山隔水相望；一条河流，似羞涩的巨蟒，从秦巴山涧蛇行东去。汉水如歌，其独特的自然风光谱出优美动听的曲，其厚重的历史文化写出蕴意深刻的词。

　　三千里汉江水在山地间孕育，一路流淌而来，众多的支流好像大树的枝丫一样散开。位于陕西省境内的汉江是它的上游。汉江北岸，支流多而长，河网密度大；汉江南岸，支流少而短，河网密度小。它流至沔县（今称勉县）称沔水，流至汉中称汉水，流至襄阳称襄江、襄水。在中

汉水春色（纪成 摄）

国的古老传说中，唯一与银河相接的地上河流便是汉江，《诗经》中就有"维天有汉"的记载，因而银河也叫云汉、银汉。

汉江宛如一条美丽的丝带，横卧在山地之间。远观江水，你看它流淌不休，碧绿剔透；俯瞰两岸，你看它体态宽阔，容貌秀美；来到江边，你看它饱经沧桑，慷慨自如。晴时，一轮红日把江水染得绯红，渔船、货轮驶过时，水面上泛起粼粼白光；雨时，丝丝细雨像是给汉江披上了一层乳白色的细纱，披蓑戴笠的渔夫卖力地摇曳着归家的船桨，柔情的雨滴爱怜地拍打着水面，溅起滴滴晶莹

勉县阜川山水(王蓬 摄)

汉江城固段小景

的水花。早晨，醉人的风从江面上吹来带着暖意的朝霞，水波荡漾似柔软的丝绸微微抖动；傍晚，太阳的余晖映照在苍劲的青杉上，不时一两只水鸟在江面上掠过，留下圈圈涟漪，更有些懒散的，在江边悠闲地散步。

汉江是一条饱含着历史文化韵味的大河。汉江是汉朝的发祥地，刘邦登上皇帝宝座，便以其发迹之地来命名这个新建立的王朝。"大汉民族""汉文化""汉学""汉语"这些名称，都是因有了汉朝才定型的。

这一条美丽清澈的江，孕育了《诗经》和《楚辞》这两大中国古典文学。《诗经·汉广》描写的汉水女神是中国文学史上最早的江河女神形象。我国著名爱国诗人、政治家屈原，创造了"楚辞"文体和"香草美人"的象征手法。

这一汪碧波荡漾的水，激发了有识之士筑梦的热情。

春到福地金镶玉(袁卫东　摄)

江上飞朱鹮

西汉时期的张骞从汉水边的城固而来，东汉时期的蔡伦因改进造纸术有功，受封于汉水边的龙亭镇，一代名相诸葛亮在汉水边的定军山上度过了呕心沥血的岁月……

汉江在陕西境内的干流长达 657 千米，其水质优良，清澈如明镜，被誉为"东方的莱茵河"，也使它成为"南水北调"中线工程的水源地。汉江的自然生态环境优越，众多的鱼类和淡水甲壳类动物在这里繁衍生息，因此它成为国家一级保护动物朱鹮的主要觅食地。

汉水如歌。从远古洪荒、刀耕火种的沧桑岁月到今日的霓虹如昼，汉江以她广博的胸怀和深厚的底蕴，哺育了华夏儿女，也滋养了中华文明，使其绵延不绝、生生不息。

陕西洋县蔡伦纸文化博物馆

陕西城固张骞墓

地貌多样

关中——天府之国

我们经常会听到"天府之国"的说法，它专指土地肥沃、物产丰富的地方。"天府之国"一般指四川省的成都平原。可是，很多人并不知道，早在战国时期，关中平原就有"天府之国"的美誉了。

关中，处于四关之中：东有函谷关，可通关东；东南有武关，可通荆楚；西南有大散关，可通巴蜀；西北有萧关，可通西北。后来又增加了东面的潼关和北面的金锁

关。道教始祖老子是从函谷关进入关中，来到秦岭北麓的周至县楼观台讲授《道德经》的；刘邦是从武关进入关中接受秦王子婴投降的。险峻的关隘好像忠诚的武士，拱卫着关中平原，再加上陕北高原和秦岭两道天然屏障，使关中成为易守难攻之地。

关中自古被誉为形胜之地。《史记》记载，关中地区土地肥沃，河流纵横，气候温和，物阜民丰，加上易守难攻，可谓"金城千里，天府之国"。从周、秦开始，关中地区就是全国的政治、经济、文化中心。经济上，关中地区人口众多、生产发达、物产丰富，人们衣食无忧。地势上，关中处于黄河中游，对关东用兵顺流而下，势如破竹；它又在四关之中，易守难攻。这不仅有助于秦灭东方六国，完成统一大业，而且成为汉高祖刘邦建立汉王朝的一大有利条件。唐代更是在这里把封建社会的发展推到了

沃野千里的关中平原

关中平原无垠的麦田

顶峰。周、秦、汉、唐相继在关中中部的丰、镐、咸阳、长安建都，正是看中了关中得天独厚的自然条件和地理优势。

从现代地理学来看，关中具体指渭河一带的盆地，居晋陕盆地的南部，包括陕西省秦岭北麓渭河平原（即关中平原）和渭河谷地及渭河丘陵，平均海拔约 500 米。其北部为陕北黄土高原，向南则是陕南盆地（安康盆地）、秦巴山脉（秦岭–大巴山脉）。我们今天所讲的关中大多指渭河平原。渭河平原地处陕西省中部，西起宝鸡大散关，东至渭南潼关，南接秦岭，北到陕北黄土高原，包括西安、宝鸡、咸阳、渭南、铜川五市及杨凌区。它东西长 300 千米，平均海拔约 500 米，西窄东宽。这里自古灌溉发达，盛产小麦、棉花等，是我国重要的商品粮产区。

关中平原地势平坦、土地肥沃、物产丰富，这一切拱卫和滋养了关中人，使他们在这里绵延不绝地生产、生活，进而在中国历史和文化上取得举足轻重的地位。

渭河西照

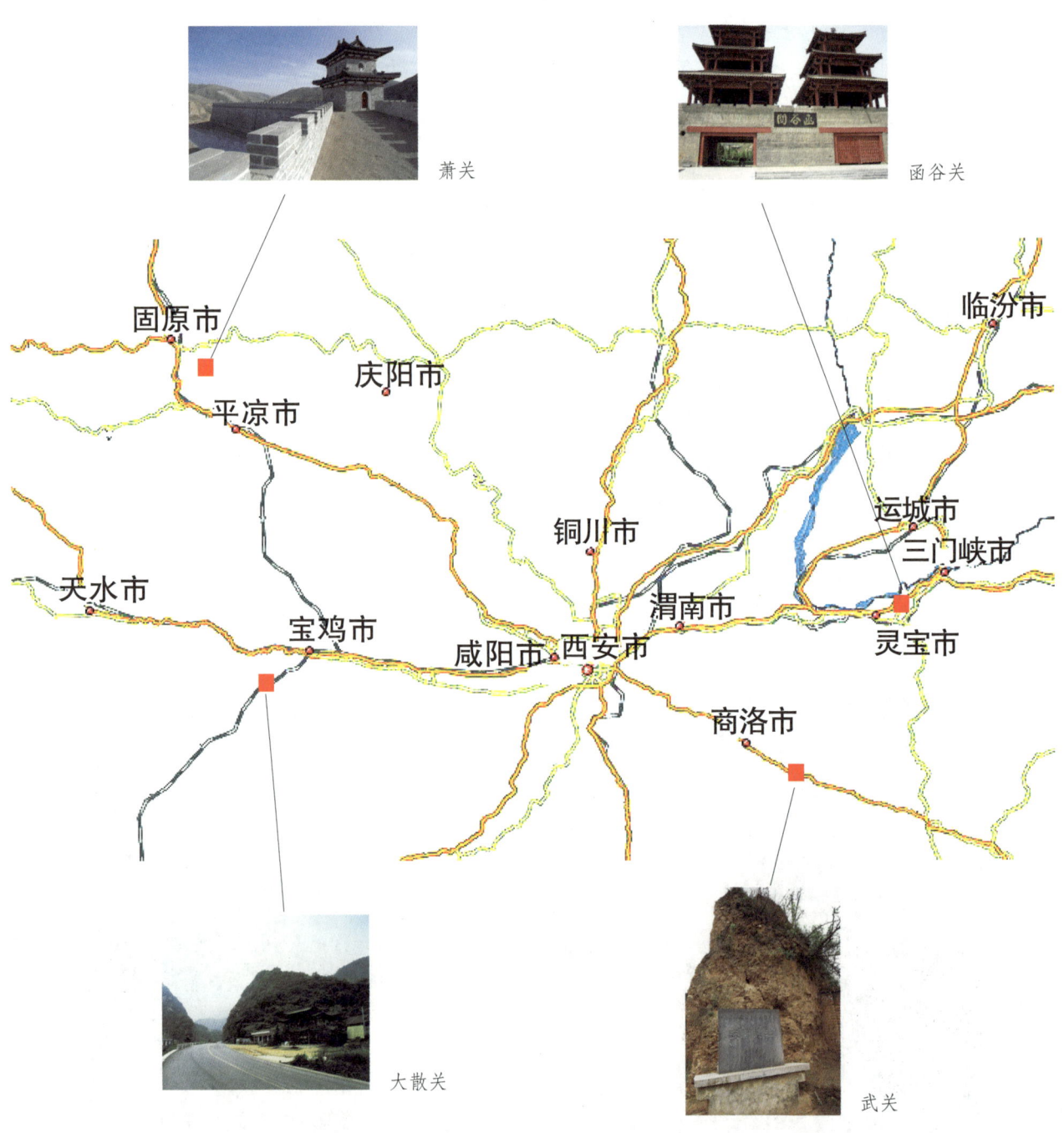

萧关

函谷关

固原市

庆阳市

临汾市

平凉市

铜川市

运城市

三门峡市

天水市

宝鸡市

渭南市

咸阳市 西安市

灵宝市

商洛市

大散关

武关

四关示意图

陕北——黄土高原

在陕西的北部，是一片辽阔的沟壑纵横的高原，它就是黄土高原。这里的黄土，在较早的时期主要是通过水搬运而来的，因此其本身较为致密；再晚一些，原本的土地由于地质作用被抬高隆起，由于黄土高原以此的沙漠已发育完善，故此时的黄土主要来自其北边的沙漠区，它们经过西北风年深日久的吹拂和搬运，最终定居在这里。

陕北黄土高原位于我国整个黄土高原的腹部，东临黄河，南接北山，西连子午岭，北抵毛乌素沙漠南沿。从古土壤分析表明，在石器时代，陕北高原的气候较现在湿润，地域环境也很优越，这些为我们的先民提供了赖以生存的条件。那时的这里也如今天的秦岭一样，土地肥沃、水流丰富、草木茂盛，是一个宜农宜牧宜居的绝佳宝地。但此后人类的过度开发和频繁的战争，使这里的植被遭到

黄土高原

毛乌素沙漠一隅

了严重的破坏。陕北黄土高原失去了绿色的屏障，生态失去了平衡，导致了环境的恶化——气候失调，干旱和风沙乘虚而入，水土流失不断扩大。

今天的陕北黄土高原，土质疏松，地表因缺乏植被覆盖特别容易受到流水的侵蚀，又在自然风雨的塑造下，黄土高原便呈现出我们现在看到的模样——地势崎岖，千沟万壑。丘陵是黄土高原最典型的地貌，所占面积也很广大。在陕北的绥德、米脂、清涧、神木等地，丘陵一般呈现出错落的馒头状，远远望去，重重叠叠、起伏不定，由此形成的独特自然景观令人赞叹不已。

除了沟壑纵横的黄土丘陵，陕北还有荒凉、广袤的毛乌素沙漠。它位于陕西号称"沙漠之城"的榆林市，面积达 4.22 万平方千米，万里长城从东到西穿过了沙漠的南部。据考证，古时候这片地区水草丰美，是很好的牧场，后来由于不合理的开垦、气候变迁和战乱，地面植被丧失殆尽，沙尘扬起，形成了如今的沙漠。毛乌素沙漠虽然荒凉，但广袤深邃，尤其在晴好的天气里，金色的沙丘映照着蔚蓝的晴空，风景十分壮美。1949 年至今，国家大力兴建防风林带，引水拉沙，开展了改造沙漠的巨大工程。经过一代又一代人的努力，终于让这个曾经寸草不生的沙地出现了点点绿洲，使饱受风沙侵害的榆林市变成了"塞上绿洲"。

在陕北神木市境内，在鄂尔多斯草原与毛乌素沙漠的交会处，有一颗"大漠明珠"，那就是红碱淖。这里的自然生态良好，环境优越。红碱淖湿地是全球最大的珍稀濒危鸟类——遗鸥的繁殖与栖息地，每年 4 月至 8 月，有占

沙漠绿植

全球总量90％的遗鸥在这里繁衍生息。此外，这里还是白天鹅、鸬鹚、白鹭、金雕、鱼鹰、鸳鸯等53种受国家保护的珍禽的栖息地。蓝天白云下，碧水黄沙交相辉映，许多水鸟在湖里的浅滩上或上下翻飞或悠闲漫步，这难得一见的景象无不令人沉醉。事实上，红碱淖是我国面积最大的沙漠淡水湖，1969年时湖面面积达67平方千米，但由于生态环境的恶化，2015年湖面面积仅为31.51平方千米。

红碱淖

红碱淖美景

榆林红石峡

榆林古城

榆林统万城

红石峡"蛟窟龙窝"

黄土高原

高原梯田

秦山如画

陕南——秦巴山水

古人曰："山得水而活，水映山而媚。"陕南北靠秦岭、南倚巴山，汉江自西向东穿流而过。山水之美，自然天成，共同演绎出大自然绝美的乐章。

陕南地区从西往东依次是汉中、安康、商洛三个市。整个地区气候温润，四季常青，动植物繁盛。

汉中气候宜人，物产丰富。这里水、川、丘、山兼有，又居于祖国南北地理分界线上，具有得天独厚的地理

茶乡

勉县阜川山水

秋意正浓

优势。汉中因汉水而得名，"西北小江南"说的是这里，"中国最美油菜花海"说的也是这里。每年阳春三月，城外不远处连片的万亩油菜花田，开成了金色的海洋。采花的蜂蝶成群结队，翻飞丛中。清风吹过，香溢四野，沁人心脾。"清明谷雨燕子飞，油菜花黄麦穗青"，这里颇似江南鱼米之乡。汉中的佛坪有大熊猫保护区、洋县有朱鹮保护区，其自然环境的优越可见一斑。

安康位于陕西东南部，气候湿润温和，四季分明，雨量充沛。有"陕西千岛湖"之称的瀛湖，是西北五省最大的淡水湖。那一汪碧水是在汉江之上浮起

安康瀛湖

商洛南宫山

的，浓重的绿色已翻不起一丝银色的微波。千家坪十万亩人工森林汇成天然林海，又有飞瀑流泉，满目青山绿水，可领略到巴山深处的神秘幽静。女娲故里的清茶洗去了尘世的繁杂，清幽淡雅的茶香沁人心脾。当我们沉浸在瀛湖晨曦、巴山风情、女娲云雾的美景时，身心都融入其中了。

商洛虽然地形复杂，但资源丰富、风景秀美。商洛因其境内的商山洛水而得名。商山，一年四季，景致无时无地不佳，而最令人叫绝的是"商山雪霁"。雪中看山，冰清玉洁，一旦放晴，裹金跃辉，可谓"千峰掩映分晴霭，万壑纵横捧雾颜"。洛河流域，是华夏文明的发源地之一。

洛河，古称雒河，是陕西省东南部唯一流入黄河的支流。在商洛，还有一条河流不应忽视，那就是发源于商洛西北部的丹江。它是汉江最长的支流，占汉江流域总面积的10%。历史上丹江航运发达，后来伴随人类经济活动的扩大，加上自然条件的改变，丹江成为含沙量较多的河流，航运萎缩。

徜徉在秦巴山水间，山有葱郁葱茏之秀，水有青罗丝带之美。秦巴山、汉江水的神奇魅力在于它们是有生命的，这样的山依傍这样的水，这样的水倒映这样的山，构成了一幅迷人的画卷。

安康女娲故里

商洛金丝峡